Disney

# シンデレラの法則

*Rule of Cinderella*

憧れのプリンセスになれる秘訣32



講談社

愛は、それに耐える勇気がある者のみに、与えられる幸運だ。

アントニー・トロロープ

Love is like
any other luxury.
You have no right to it
unless you can afford it.

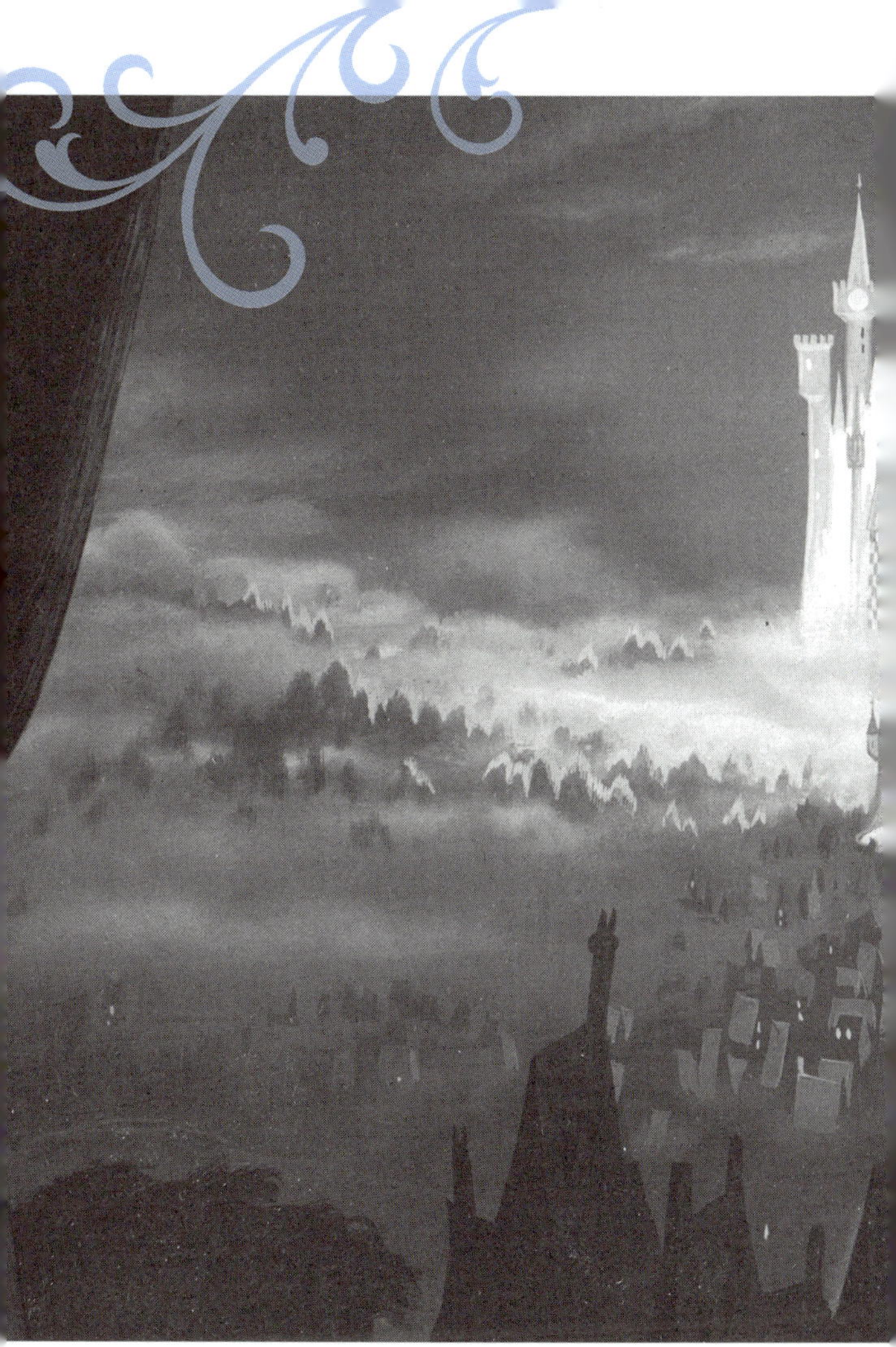

# はじめに

昔々、心優しく、美しい娘がおりました。

継母と、その連れ子の姉たちから家の仕事をおしつけられ、炉の灰にまみれて働いたので、「シンデレラ《灰かぶり》」と呼ばれていました。


継母や姉たちが、なにをいおうと、どんな意地悪をしようと、シンデレラは思いやりの心と希望を失いませんでした。

ネズミや小鳥など、友だちはたくさんいたし、「いつかきっと幸せになれる」という夢を信じていたから。


灰にまみれながら家族につくす日々はすぎ、夢を信じつづける彼女に、奇跡が起きました。

魔法でつくられた美しいドレスとガラスの靴を身につけて、きらびやかな舞踏会に出かけたのです。

シンデレラはロマンチックな時をすごし、見知らぬ男性と恋に落ちました。
たとえ魔法が解けても、シンデレラは、その幸せな思い出だけで十分だと思いました。

けれど、恋した相手は、王子様だったのです。
そして、王子様は、シンデレラを忘れられず、彼女が落としていったガラスの靴の持ち主をさがしだし、その娘と結婚するというのでした。

事態を察した継母は、あらんかぎりの策略を用いて邪魔をしましたが、シンデレラは、友だちの助けを借りて、自分こそが、ガラスの靴の持ち主だと証明したのです。

そう、すべては、幸せになれると信じることから始まりました……。

# シンデレラ
## *Cinderella*

## 名前

「シンデレラ」は、フランス語で「サンドリヨン」。
意味は「灰かぶり」。
灰かぶりから一転して、王子様と結ばれる境遇から、
「シンデレラ・ストーリー」という言葉が生まれた。
貧しさや身寄りのなさなど、辛苦を乗り越え成功に至る
「逆転劇」が、大きなカタルシスを呼ぶことが多い。

「シンデレラ」という名前は、
苦難のなかで鍛えた強い意志を暗示している。

## 色

仕事着のベージュは、堅実で、まじめな印象。
きれい好きで我慢強い、働き者のシンデレラ。

母親のドレスをリメイクしたピンクは、夢みる乙女の色。
引き裂かれたドレスとともに破れた夢。

フェアリー・ゴッドマザーの魔法のドレスは銀。
銀は女性らしさを象徴し、
その青白い輝きは、純粋さをあらわす。
純粋な心にふさわしい幸福の予兆。

## 幸運の鍵　ガラスの靴

人は、大地をふみしめて歩くために、
あるいは、足元を飾るために、靴をはく。
靴は、生活の基盤となる社会的立場や役割のシンボル。

透明なガラスがあらわすのは、曇りのないピュアなもの。
目に見えない障壁。こわれやすさ。

曇りなきピュアな心の持ち主シンデレラは、
ガラスの靴にはきかえることで、
障壁をこわし、立場の逆転を遂げる。

## 友だちや、助けてくれた人

**ジャックとガス**

助け、助けられる対等な友だち。
全力で応援してくれる強い味方。
情けは人のためならず、
親切と優しい心づかいは、必ず報いを運んでくれる。

**フェアリー・ゴッドマザー**

目に見えないものや、夢を信じる心が生んだ奇跡。
神秘のパワー。
絶体絶命のピンチに発揮される潜在能力のあらわれ。

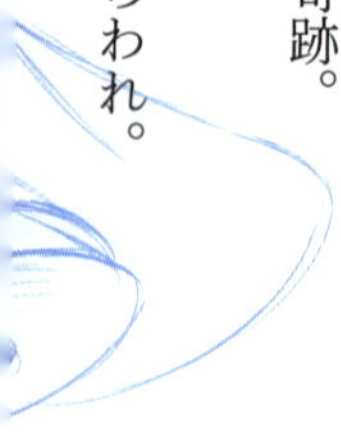

# Contents

## Chapter 1 シンデレラの条件

## Chapter 2 シンデレラの言葉

Chapter 3

## シンデレラの恋



Chapter 4

## シンデレラの生き方

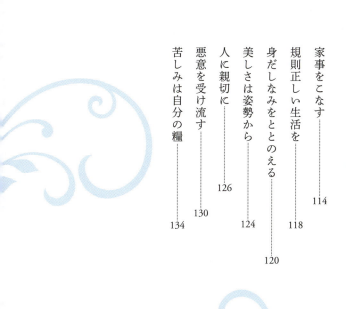

# シンデレラの条件

## *What makes Cinderella a princess*

私はたくましい。
I am strong.

私は恐れない。
I am brave.

私はいつでも、自分に正直でいる。
I am true to myself.

私の名前は、シンデレラ。
My name is Cinderella.

笑顔

# ほほえみは
# 最高のあいさつ

意地悪な継母や姉たちに虐《しいた》げられているシンデレラは、いつも笑顔でいるというわけにはいきません。でも、いつかきっと幸せになれると信じて、笑顔を心がけていました。

ネズミや小鳥など、友だちに見せるシンデレラの笑顔は、強い心に裏打ちされた優しさと思いやりに満ちています。

ネズミ捕りにかかって怯えていた新入りネズミのガスも、シンデレラがにっこりほほえみかけたとたん、たちまち友だちになりました。

笑顔は相手の警戒心を解き、緊張をほぐします。

初対面の人に接するときは、だれでも少なからず緊張するものです。そんなときは、まず、こちらからほほえみかけてみましょう。

しっかり相手の目を見て、笑顔であいさつすることが、いい人間関係を築く第一歩です。

歌

# 歌で心を励ます

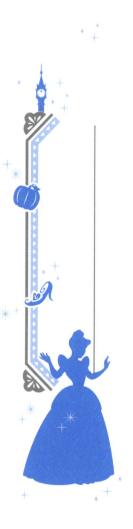

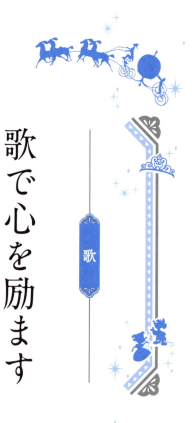

「かわいいナイチンゲール　歌ってちょうだい
どうぞ聞かせて　優しい歌声を……」

玄関ホールの雑巾がけをしながら、シンデレラは優雅に歌います。

でも、これは、継母のトレメイン夫人からいいつけられた仕事ですから、楽しんでいるわけではありません。つらい仕事を少しでも楽しくしようと歌っているのです。

シンデレラにとって歌は、自分を励まし、心を明るくするために、なくてはならないものでした。

歌や音楽には、人を元気にする力があります。

悲しいときやつらいとき、慰めてくれたり、勇気を与えてくれたりするお気に入りの歌や音楽があるといいですね。苦しいときに心を支えてくれた曲は、一生の宝物になるでしょう。

涙

# 泣いてもいい

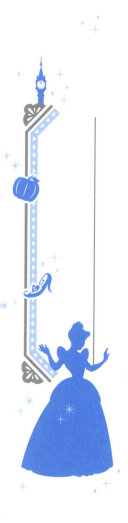

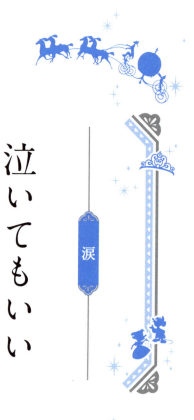

継母や姉たちのつらい仕打ちに毅然と対応してきたシンデレラでしたが、ネズミや小鳥たちがリメイクしてくれたドレスをズタズタに引き裂かれてしまったときは、ついに泣きだしてしまいました。

これはひどすぎます。泣いて当然です。

悲しいとき、つらいときは我慢しないで、思いきり泣きましょう。

最近は、泣くことのメリットがいろいろ紹介されています。ストレス解消、リラックス効果、免疫力アップ、鬱病予防、果ては顔のむくみがとれるなんていう美容効果まで。

シンデレラの場合も、それまで我慢を重ね、張りつめていた心の糸が切れて号泣したとき、フェアリー・ゴッドマザーが現れたのは、泣くことのメリットを暗示しているのかもしれませんね。

ただし、同情を買うための涙にメリットはありません。

楽しみ

# 小さなよろこびを積み重ねる

母親は早くに亡くなり、優しかった父は、最悪な女性と再婚して、その本性を知らないまま病死。客観的に見て、シンデレラの置かれている状況は、とても不運です。

賢いシンデレラは、自分の不運を自覚しています。

でも、不運を嘆くよりも、ネズミや小鳥、イヌやウマなど、お屋敷の動物たちと心をかよわせ、毎日の生活のなかにささやかなよろこびを見つけて、楽しくすごしています。

不運な状況は、今すぐには変えられないけれど、自分の心の持ちようは変えられるし、小さなよろこびを積み重ねることが生きる力になる、ということを知っているのです。

お気に入りの本や音楽、好きな人とすごす時間、おいしい食事、心地よい眠り……小さなよろこびでエネルギーをたくわえましょう。

願い

# 幸せを夢みる

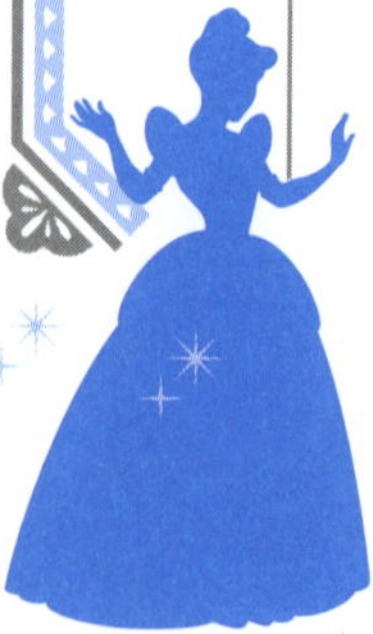

不運な状況にあるシンデレラにとって、夢は心の支えでした。「いつかきっと幸福が訪れる」という夢を信じていたからこそ、明るい気持ちを失わずにいられたのです。

思えば、幼い頃の夢は〝なんでもあり〟でした。お花屋さん、アイドル歌手、宇宙飛行士、幼稚園の先生、それに、プリンセスだって！

成長して、自分を知るにつれ、夢の範囲がせばまることはたしかです。けれど、「きっと幸せになる」という夢なら、いくつになってもみられます。

そして、その夢は、きっと叶います。

なぜなら幸せは、だれかに与えてもらうものではなく、なにかを得たらなれるものでもなく、自分の心がつくりだすものだから。

怒り

# 感情をコントロールする

不当な扱いを受けたり、自尊心を傷つけられたりしたとき、人は怒りを覚えます。怒りは、自分を守るために必要な感情なのです。

シンデレラが、継母や姉たちに怒りを感じるのは自然なこと。ときどき、むっとした表情を見せますが、決して感情的になって声を荒らげたりはしません。

怒りを感じることと、それを相手にぶつけることとは別問題。怒りにまかせてメールをしたりして、後悔したことがある人もいるでしょう。だれかに怒りを感じたときは、自分の怒りを認めたうえで、ひと呼吸置いて、感情にふりまわされないようにしたいものです。

もっともシンデレラの場合、この人たちに自分の感情を乱されるなんてばからしいと、わりきっているのかもしれません。それもひとつの選択肢ですね。

強さ

# 自分を憐れまない

観客は、落ち度もないのに毎日ののしられ、働かされているシンデレラを見て、かわいそうだと思うかもしれません。

でも、シンデレラは、自分をかわいそうだとは思っていません。

怒りと同様、つらいとか悲しいとか思うことはあるでしょう。

だからといって、悲劇のヒロインになってメソメソしていても、なんの解決にもなりません。人は、「私ってかわいそう」と自分を憐れんだ瞬間、「かわいそうな人」になります。

シンデレラは、自分を憐れむよりも、自分になにができるか、どうすればいいか、ということに心を向けているのです。

そして、シンデレラにネズミや小鳥たちがいたように、つらいときは一人で抱えこまず、信頼できる人に話を聞いてもらったり、愚痴をこぼしたりすることも必要です。

自己肯定

# 自分の価値を信じる

継母や姉たちになにをいわれようと、どんな仕打ちを受けようと、シンデレラは、いつも自分らしさを失わず、ぶれない自分をもっていました。

それは、自尊心の力です。

自尊心とは、ありのままの自分をまるごと認めて、大切にする心。

たとえ、人から評価されなくても、失敗や落ちこむことがあっても、逃げずに自分の価値を信じて前に進む強さです。

欠点だらけの自分の価値なんて、信じられない？

大丈夫。金子みすゞの有名な詩に「みんなちがって、みんないい」とあるように、個性をもった自分であること自体に価値があるのです。

シンデレラが夢を叶えたように、自分の価値を信じる人は、自分が信じる価値にふさわしい場所にたどりつくでしょう。

ほほえみは
最高のあいさつ

歌で心を励ます

泣いてもいい

小さな
よろこびを積み重ねる

幸せを夢みる

感情をコントロールする

自分を憐れまない

自分の価値を信じる

column 1

## 「シンデレラ・コンプレックス」を知っていますか？

1981年、アメリカの女流作家コレット・ダウリングが、『シンデレラ・コンプレックス』という本を出版。

みずからの体験をふまえ、女性が「白馬の王子様が現れて私を幸せにしてくれる」と幻想を抱いたり、男性に依存したりして自立できず、自由に生きられない心理状態を「シンデレラ・コンプレックス」と名づけました。

たしかにディズニーの『シンデレラ』も、ストーリーは、逆境にある娘が王子様に見初められて、幸せになるというものです。

けれど、この作品をよく知っている人なら、ディズニーのシンデレラは、決して他力本願で幸せになろうとしたのではない、とわかりますよね。

彼女は、ただ不幸を嘆き、だれかが救ってくれるのを待っているのではなく、継母や姉たちに毅然と対応し、日々の生活のなかに、よろこびを見出す強い心の持ち主でした。

そのしなやかな〝生きる力〟が、「いつか幸せになる」という夢を叶えさせたのです。

それにしても、ダウリングの本から35年もたった今も、女性たちは、「白馬の王子様幻想」と「男性依存」から解き放たれたとはいえないかもしれませんね。

魔法は
信じている人の前でしか、
現れないものよ。

The magic would only work
for those who keep believing.

# シンデレラの言葉

Cinderella's Words

「私が夢をみることは、
だれにも止められないわ」

あきらめない

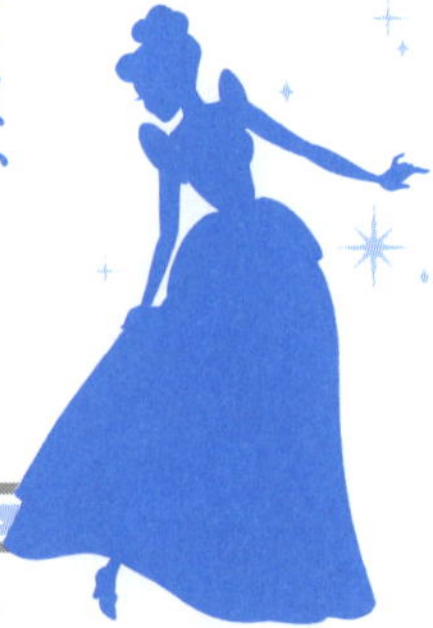

努力が報われなかったり、物事がことごとく思うようにいかなかったりすると、希望をもちつづけるのが難しくなるかもしれません。

そんなときは、「信じれば夢は叶う」をモットーに、どんな逆境のなかでも夢をあきらめなかったシンデレラを思い出してください。

もちろん、夢を叶えるには努力も必要です。

夢を叶え、天才といわれるアーティストやアスリートが、本当は努力の人だったというのはよく聞きます。

シンデレラも、「いつか必ず幸せになる」という夢にふさわしい自分になるため、毎日の生活のなかで心を磨き、いざというときには、自分も舞踏会へ行く権利があると主張しました。

「信じれば夢は叶う」は、いいかえれば、「信じて、あきらめずに努力しなければ夢は叶わない」ということでもあるのです。

「ネコを好きになることよ。
ルシファーにも
いいところがあるわ」

# 人をけなさない

意地悪ネコのルシファーを目の敵にしているイヌのブルーノを、シンデレラはなだめますが、本音をいえばシンデレラだって、ルシファーが好きなわけではありません。

人には個性と好みがありますから、相性が悪い人や好きになれない人がいるのは、しかたのないことです。

でも、相手を批判したり悪口をいったりするか、少しでもいいところを見出して、感じよく接しようと努めるかは、自分次第です。

「ルシファーは、いいところがあるけど、意地悪」ではなく、シンデレラのように「意地悪だけど、いいところがある」と、いい面に目を向けて考えられるといいですね。

もし、あなたの周囲に、他人の批判や悪口ばかりいっている人がいたら、考えてみましょう。その人は幸せそうですか?

「だったら
私にも資格があります」

チャンスを
逃がさない

「国王の命令により、年頃の娘はすべて出席すること」という舞踏会への招待状が届いたとき、シンデレラは、初めて自己主張をしました。「どうか私も連れていってください」と頼むのではなく、冷静に、そして堂々と、自分の権利を訴えたのです。

「なぜ行ってはいけませんの？　私も家族の一員です。それに、王様の命令ですわ」

この主張がなければ、ドレスのリメイクも、フェアリー・ゴッドマザーの登場もなかったかもしれません。シンデレラの本能が、「運命を変えるのは、今がチャンス！」と、ささやいたのでしょう。

日本人は自己主張が苦手といわれますが、ときには、自分の意見や望みをはっきり伝えることも必要です。シンデレラを見習って冷静に、堂々と、いうべきことをいってチャンスをつかんでください。

「少し流行遅れだけど、
手直しできるわ」

# 自分で解決を試みる

トレメイン夫人に、「もし、仕事を終わらせ、着ていくドレスがあるなら舞踏会に行ってもいい」といわれたシンデレラは、大よろこびで部屋にもどり、お母さんの古いドレスを仕立て直そうとします。

このようにシンデレラは、なにか問題が起きたとき、人に頼る前に、まず自分で解決しようとする習慣を身につけていました。だからこそ、ネズミや小鳥たちも、シンデレラのために、できるかぎりのことをしてあげたいと思ったのです。

困ったとき、自分のために、だれかがなにかをしてくれるだろうと期待するのは、単なる甘え。ときには、だれかに頼らざるを得ないこともありますが、いちばん頼りになるのは自分です。

人を頼りにする人生よりも、自分の力で切りひらく人生を選びたいですね。

「私は行きません」

# 人に媚びない

トレメイン夫人たちは、シンデレラが舞踏会のドレスを用意できないように次々と仕事を命じました。そして、迎えの馬車が来たとき、「おや、まだ着替えないの？」と、これみよがしにいうトレメイン夫人に、シンデレラは毅然として答えます。「私は行きません」と。

プライドをもつことの美しさと強さを教えてくれるシーンです。

シンデレラは、トレメイン夫人たちとトラブルを起こさないよう、できるだけうまくやっていこうと心がけていましたが、決して卑屈になって媚《こ》びることはありませんでした（その態度がまた、トレメイン夫人の憎しみを煽《あお》ることにもなったのですが）。

媚びる＝①他人に気に入られようとへつらう。ご機嫌をとる。
②異性の気を引こうとなまめかしい態度をとる。

人に媚びることは、自分をみじめにします。

「ありがとう、
すてきな夢だったわ。
本当にありがとう」

# 今ある幸せに
# 気づく

12時の鐘が鳴り終わり、魔法が解けたとき、シンデレラは、唯一残った片方のガラスの靴を手に、感謝の言葉をつぶやきます。

シンデレラの心は、現実に引きもどされた失望や、魔法がずっとつづいてほしいという願望よりも、夢のような時間を得たよろこびと感謝でいっぱいだったのです。

「もし、もっと才能があれば……」

「もし、結婚すれば……」

こんなふうに、なにかを前提に「もし、○○なら幸せになれるのに」と考えていると、それを得られないかぎり幸せになれないということになります。それよりも、今得ているものに気づき、感謝の気持ちをもつことが幸せへの近道です。

幸せになるのを待っていないで、今ある幸せを楽しみましょう。

「ブルーノをつれてきて！
大急ぎよ！」

# 助けを求める

トレメイン夫人に、部屋に閉じこめられてしまったシンデレラのため、ジャックとガスが必死に鍵を運んできてくれました。ところが、そこへルシファーが！

このピンチに、シンデレラが助けを求めたのは、ルシファーに敵意を抱いているブルーノでした。的確な人選（犬選？）ですね。

一人ではどうしても問題を解決できないとき、どうしようもなくつらいときは、信頼できる人に助けを求めましょう。

迷惑をかけたくない、弱みを見せたくない、と思う人もいるかもしれませんが、だれかに助けを求めることは、その人への信頼の証。助けてもらうことで、人間関係がより深まります。

そして、ぎゃくに助けを求められたときは、相手の信頼に応えて、できるかぎりのことをしてあげることです。

「大丈夫、私、
もう片方を持っています」

# むやみに手の内を
# 見せない

シンデレラが、大公の持ってきたガラスの靴を試そうとしたとき、トレメイン夫人が従者をつまずかせ、ガラスの靴はこなごなに。

万事休すと思った次の瞬間、シンデレラは隠しもっていたもう片方の靴を、大公にさしだしました。

「自分から心を開いて打ちとける」「本音で接する」……いずれもいいことではありますが、なにごとも相手次第。悩みや秘密を打ち明けるときは、くれぐれも慎重に相手を選ばなくてはなりません。

現実には、トレメイン夫人たちほど露骨な悪者はそういないでしょうが、なにかの目的に向かって進むときには、邪魔や困難に出くわすこともあります。そんなときは、ある程度の予測をして〝助っ人〞や〝抜け道〞を考えておいたり、大切なデータや自分しか知らない情報を〝切り札〞として最後までとっておいたりすることも必要です。

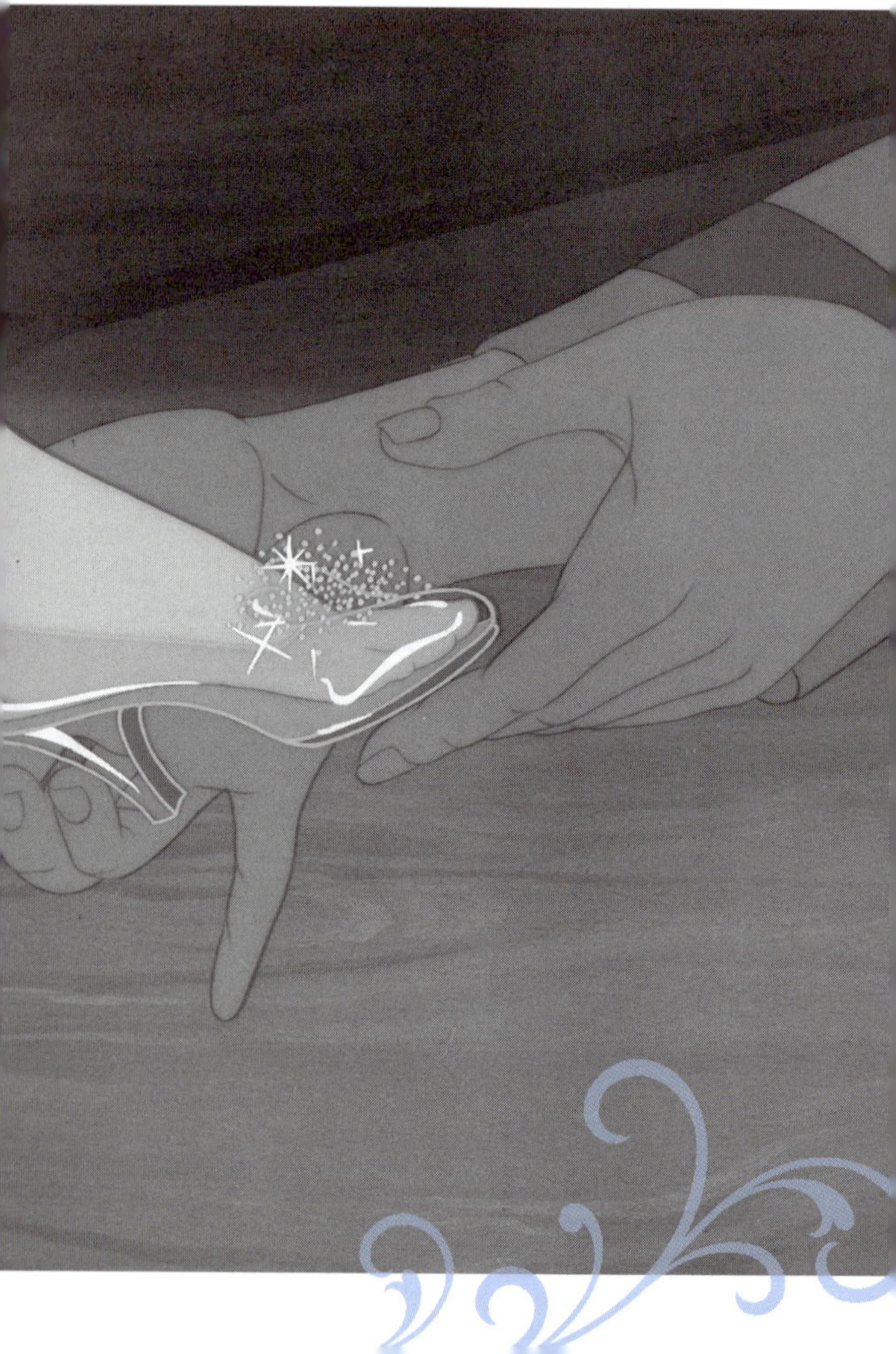

あきらめない
人をけなさない
チャンスを
逃がさない
自分で解決を試みる

人に媚びない

今ある幸せに気づく

助けを求める

むやみに
手の内を見せない

column 2

## トレメイン夫人の教訓

よくいわれることですが、いじめは、いつどの場合も、いじめられる側ではなく、いじめる側に問題があります。

上品で落ち着きはらった態度を装いながら、狡猾に仕組まれた悪意——トレメイン夫人のシンデレラに対するいじめは、自分の娘たちよりも、シンデレラのほうが、なにかも優れていることへの嫉妬から生まれています。

そして、自分のしていることが、ますます娘たちを愚かで醜《みにく》くしていることに気づかず、さらにシンデレラへの憎しみをつのらせていくのです。そんなトレメイン夫人が幸せでないことは、明らかですね。

彼女の不幸は、嫉妬心そのものではなく、それを自覚して自分の問題として受け入れることができないまま、シンデレラを標的にしていることです。

嫉妬や憎しみなどの感情を抱くことは、多かれ少なかれ、だれにでもあります。それを否定したり、自己嫌悪に陥ったりする必要はありません。

嫉妬や憎しみも、自分のありのままの感情として認めて受け入れ、自分がどういう人間になりたいか、そのためにどうふるまうべきかを考えることができれば、〝トレメイン夫人〟にならずにすむでしょう。

恋に落ちたら、
When you fall in love,
世界は輝きだし、
私は、私ではなくなるみたい。
the world becomes
a different place, and you
would never
be the same person again.

シンデレラの
恋
Cinderella's True Love

# 出会いを大切に

毎日召し使いのように働かされ、屋敷から出ることのなかったシンデレラは、だれかと出会うチャンスもありませんでした。そして、初めての舞踏会で、相手が王子と知らずに恋に落ちたのです。

すてきな出会いや運命の出会いを求めるなら、積極的に人が集まる場所に行ってみるといいでしょう。

趣味のサークル、スポーツクラブ、飲み会、同窓会……。本気で結婚を望むなら、婚活パーティーやお見合いという手もあります。

でも、こればかりは「数撃ちゃ当たる」というわけにはいきません。

一期一会というように、ひとつひとつの出会いを大切に、誠実に相手と向きあうことから始まります。

それに、運命の出会いは、出会った瞬間にはわからないこともあります。もしかしたら、もう運命の人に出会っているのかも。

# 自分の魅力を知る

色とりどりの流行のドレスを着た良家の子女のなか、シンデレラのシックで洗練された美しさは、群を抜いていました。

フェアリー・ゴッドマザーは、シンデレラの身長と目の色をチェックすると、〝シンプルで大胆〟というコンセプトのもと、ヘアスタイルからドレス、靴まで、その魅力を最大限に生かすファッションをコーディネイトしたのです。〝シンプルで大胆〟は、シンデレラ自身のキャラクターにも通じますね。

服選びは、自分をどう見せたいかを考えることでもあります。自分らしさ、個性や魅力を引き立てる服を着たいものです。

そして、たまには「私は○○だから、こういう服は似合わない」という思いこみを捨てて、お店の人や友人のアドバイスに従ってみましょう。新たな自分の魅力を発見できるかもしれませんよ。

# 靴に気を配る

シンデレラのファッション、いちばんのポイントは、ガラスの靴。

シンデレラが去ったあと、残された可憐なガラスの靴を手にした王子は、ドレスで見えない靴にまで細やかな心配りをする、すばらしい女性だと思ったにちがいありません（心配りをしたのは、フェアリー・ゴッドマザーですけれどね）。

イタリアに「はいている靴でその人の人格がわかる」ということわざがあるように、靴は、センスと人格が問われるアイテムだといわれています。手入れの行き届いた靴をはいている人は、心の手入れも行き届いているというわけです。

服は決まっているのに靴がイマイチ、いい靴だけど服とチグハグ、すてきなハイヒールなのに歩き方が美しくない……など、靴のせいで〝残念〟にならないように、心がけたいものです。

# がつがつしない

シンデレラがお城の舞踏会へ行きたかったのは、家の仕事に追われる日常を離れ、華やかな場所に身を置いてみたかったからで、二人の姉や、おおかたの娘たちのように、王子に見初められることを期待していたわけではありません。

ダンスに誘われ、恋をした相手が王子だと最後まで気づかなかったのが、その証拠です。

「がつがつしない」というのは、「恋をしたいと思ってはいけない」ということではありません。恋人がほしい、あるいは結婚したいのにシングルなら、寂しいと思うのは当然です。

でも、焦りは禁物。

寂しいから、彼がほしいから、だれかとつきあうのではなく、自分で見極めて選び、相手からも選ばれて、おつきあいしたいですね。

# 直感を大切に

王子は、父王が企画した〝花嫁探し〟の舞踏会に退屈していました。

そんなとき、はっとシンデレラに気づき、ダンスに誘います。

一方、初めての舞踏会に遅刻して戸惑っていたシンデレラが、優しく手をさしのべてくれたハンサムな男性に心惹かれたのは当然の成り行きでした。

二人は、お互いの素性も知らないまま、直感で恋をしたのです。

恋をする前に、相手の年収や職業など、あれこれ条件を考えるより、直感に頼ったほうがいいかもしれません。

もちろん、大切なのは、そこからどんな関係が築けるかです。

フィーリングがあう、なぜか惹かれあう、お互いに一目で気に入ったなど、直感で始まった恋はうまくいく確率が高く、結婚すると離婚率が低いというデータもあるそうですよ。

# 恋を楽しむ

お城からあわてて帰るとちゅうで魔法が解け、なにもかももとどおり。我に返ったシンデレラは、つぶやきます。

「私ったら、なにもかも忘れていたのね。時間のことさえも。でも、すばらしく楽しかった……」

迎えの馬車が来て、トレメイン夫人たちが出かけたのが8時。シンデレラが行ったのは、そのしばらくあとですから、12時まではほんの数時間。恋する二人には、あっというまですね。

恋に夢中になるあまり、相手を束縛しようとしたり、第三者に迷惑をかけたりするのは問題外ですが、時間を忘れるくらい〝夢中〟を楽しむのも、恋の醍醐味のひとつです。

シンデレラと王子のように、熱い視線を交わして二人で盛りあがれば、恋はますます楽しくなるでしょう。

# ミステリアスは奥ゆかしさ

次々と名のりをあげる〝玉《たま》の輿《こし》狙い〟の娘たちに、いささかうんざりしていた王子の目には、シンデレラは、さぞかしミステリアスな女性に映ったことでしょう。優雅にダンスを楽しみ、口づけを交わす寸前で、名前も告げずに帰ってしまったのですから。

男女にかぎらず、ミステリアスな人は興味をそそります。

ミステリアスは、「奥ゆかしさ」といいかえてもいいでしょう。

奥ゆかしい人とは、ただ控え目でおとなしい人ではありません。明るく元気でも、でしゃばったり自慢話をしたりせず、深みが感じられ、その人のことをもっと知りたくなるような人のことです。

たとえば、笑みを浮かべて相手の話を最後まで聞く人と、なんでも口をはさみ、自分のほうに話を持っていく人、どちらと話したいと思うか。答えは、明らかですよね。

# 自分を見失わない

3章の終わりは、反省ネタでしめましょう。

舞踏会の翌朝、シンデレラは、継母が二人の姉に話しているのを聞いて、昨夜《ゆうべ》のダンスの相手が王子だったことを知ります。しかも、王子は、ガラスの靴を落としていった娘をさがしだして、花嫁にするつもりだと。

降ってわいた幸せに、シンデレラは、家事もほったらかして夢心地。事情を察したトレメイン夫人に部屋に閉じこめられてしまいました。

シンデレラ、唯一の失敗ですね。

いくら幸せな恋をしていても、うかれて自慢げにいいふらすのはやめておきましょう（まあ、ごく親しい人には、幸せの〝おすそわけ〟をしてもいいけれど）。恋ののろけを延々と聞かされる側は楽しくない、ということをお忘れなく。

出会いを大切に

自分の魅力を知る

靴に気を配る

がつがつしない

直感を大切に

恋を楽しむ

ミステリアスは奥ゆかしさ

自分を見失わない

column 3

## プリンス・チャーミング

王子のキャラクター名は、プリンス・チャーミング。

この名前は、おとぎ話などで、ヒロインを救う王子に使われ、白雪姫も、「すてきな王子様」という意味で、「the Prince was charming」といっています。

『白雪姫』と『シンデレラ』の王子は、恋の歌を歌うだけで、セリフもほとんどなく、まったくあくのない、優しげでハンサムな青年であることにより、主人公に幸せをもたらす〝理想の男性〟という役割を演じています。

いわゆる「白馬の王子様」ってやつですね。実際、『白雪姫』の王子は白馬に乗って現れるし、『シンデレラ』の王子も、肖像画のなかで白馬にまたがっています。

それでも、『白雪姫』の王子と比べてプリンス・チャーミングは、舞踏会に退屈してあくびをしたり、シンデレラの姉たちを見て露骨にげんなりした顔をしたり、人間的で、気取りのない人柄が感じられます。

ともあれ、初期の作品ではヒロインをもり立てることに徹していた男性が、時代とともに魅力と存在感を増し、『美女と野獣』の野獣や『塔の上のラプンツェル』のフリンのように、本当の意味で〝チャーミング〟なキャラクターに成長していくのは興味深いですね。

新しい
靴にはきかえ、
Put on your new shoes.

舞踏会に出かけよう。
Attend the ball.

人生がよくなるチャンスは、
どこにでもある。
And make a change
to your life.

# シンデレラの生き方

Life of Cinderella

# 礼儀正しく
# 優雅に

舞踏会で王子は、遠目からシンデレラを見初めました。ということは、顔ではなく、立ち居ふるまいの優雅さに心を奪われたのです。

舞踏会に行ったときだけではありません。階段の上り下り、掃除、両手がふさがっているため足でドアを閉めるしぐささえ、シンデレラのふるまいは優雅で礼儀正しく、品のよさが感じられます。

おそらく、両親が健在の頃にきちんとしたしつけを受け、ごく自然なこととして身についているのでしょう。

シンデレラのように完璧でなくても、礼儀正しく、品のあるふるまいを心がけることは大切です。

椅子に座るときはひざをそろえる、口に食べ物が入ったまましゃべらない、ドアは静かに閉める、箸を正しく持つ、言葉づかいに気をつける……そんな小さな〝礼儀〟の積み重ねが品性を育みます。

# 家事をこなす

掃除、洗濯、アイロンがけ、裁縫、食事のしたく……。シンデレラは、継母や姉たちに命じられた家事をこなしながら、自分の時間も大切にして、毎日をていねいに暮らしています。

「ていねいに暮らす」というと、毎朝パンを焼く、いつも部屋に季節の花を飾る、食器や家具にこだわる、ガーデニングや家庭菜園など、余裕のある生活をイメージすることが多いようですが、家事をこなし、こざっぱりした家で気持ちよく暮らせれば、それだけでもう、十分に「ていねいな暮らし」なのではないでしょうか。

「家事」＝「決まりきったつまらない労働」と思う人もいるかもしれませんが、家事をこなすことは、自分自身の住まいと生活に対する責任を果たすことでもあります。また、意識的に体を動かせば、ちょっとしたエクササイズにもなりますよ。

# 規則正しい生活を

映画は、シンデレラが朝起きて（時計の鐘の音は6つ）、夜中の12時に舞踏会から帰るまでの一日と、翌朝の出来事を描いていますが、シンデレラが毎日、規則正しい生活をしていたであろうことは、想像にかたくありません。

規則正しい生活は、心と体の健康を保つための基本。さまざまな病の治療の一環にもなっています。

夜更かしや朝寝坊をして生活が不規則になりがちという人は、せめて朝起きる時間だけでも一定にして、太陽の光をあびると、体内時計が修正されるとか。

とはいえ、規則正しい生活をしなくてはと思うあまり、ストレスになってしまっては元も子もありません。大事なのは、自分で自分の生活を管理できることです。

# 身だしなみをととのえる

シンデレラの朝は、ネズミや小鳥に手伝ってもらって身じたくをすることから始まります。

たらいに汲んだ水で体を洗い、ほこりをはらってきれいにした服と靴を身につけ、リボンで髪を束ねる。

シンデレラにとって、きちんと身だしなみをととのえることは、きょう一日、トレメイン夫人や姉たちに対して、凛とした自分でいるための〝儀式〟だったのかもしれません。

ちなみに、オシャレと身だしなみは、ちがいます。

オシャレが、自分をより魅力的に見せるための自由な表現なのに対して、身だしなみは、人に不快感を与えないためのマナーです。

TPOに応じて、身だしなみをふまえた大人のオシャレをしたいですね。

# 美しさは姿勢から

シンデレラの美しさの決め手は、姿勢のよさと、そこから生まれる、しなやかな身のこなし。背筋をすっと伸ばした正しい姿勢は、スタイルをよく見せ、内面からあふれる自信を感じさせます。

人は、元気なときには顔をあげて胸を張り、落ちこむとうつむいて猫背になりがちです。その姿勢が、さらに気持ちをポジティブにしたりネガティブにしたりするといわれます。

気持ちが姿勢に影響し、姿勢が気持ちに影響するのです。

猫背は、体にも心にもよくありません。気持ちがふさいだときこそ、意識的に姿勢を正しましょう。

「姿勢を正す」という言葉には、「心構えを新たにして、気持ちを引きしめる」という意味があります。

姿勢を正すことは、心を正すことなんですね。

# 人に親切に

ネズミや小鳥たちが、ドレスをリメイクし、部屋の鍵を届けてくれたのは、ふだんからシンデレラが、彼らに親切にしていたからです。まさに「情けは人のためならず」ですね。

といっても、もちろんシンデレラは、感謝や見返りを期待して親切にしたわけではありません。

親切を悪意で返すような継母や姉たちと暮らすなかで、友だちに親切にして、よろこんでもらうことは、シンデレラのよろこびでもあったのです。実際、人に親切にすると幸福感が増す、という研究結果もあるそうですよ。

ただし、「小さな親切、大きなお世話」にならないように、独りよがりや自己満足ではなく、相手の身になって、相手が望んでいる親切を心がけましょう。

# 悪意を受け流す

シンデレラをこき使い、いじめることしか頭にない継母や姉たちと、まともにつきあっていては、身も心ももちません。

シンデレラは、毎日を心おだやかにすごすため、彼女たちの悪意を受け流す術を身につけました。

どんなひどいことをいわれても、理不尽な命令をされても、礼儀正しく、冷静に応対する。それは、決して相手と同じレベルにならない、相手にしないということでもあります。

もし、だれかから悪意を向けられたら、どうしますか？

継母たちの悪意が、シンデレラへの嫉妬から生まれていることからわかるように、悪意や敵意は、抱く人の心の問題です。そして、それに傷つき、くよくよしたり、仕返しをしたりするか、シンデレラのように〝スルー〟して相手にしないかは、あなたの心次第です。

# 苦しみは自分の糧

「人生にむだな経験はない」という言葉を、よく耳にします。

そういえる人は、つらいことや苦しいことがあったからこそ、成長できたし、今の自分があると実感している人です。

シンデレラも同じ。逆境のなか、強さと優しさを育みました。

逆境の渦中にあるとき、「人生にむだな経験はない」「苦しみが心を磨く」と思えると、ちょっと勇気がわいてくるかもしれません。

最後に、ドイツの哲学者ニーチェの言葉を紹介しましょう。

「人生にはつらいことが起きる。悲劇も起こる。しかし、苦しいからといって自分は運が悪いのだと思わないでほしい。（中略）苦しみによって、この精神が、この心が、生きようとするこの力が、ますます鍛えあげられるのだとほくそえんでほしい」（『超訳ニーチェの言葉Ⅱ』ディスカヴァー・トゥエンティワンより）

礼儀正しく

優雅に

家事をこなす

規則正しい生活を

身だしなみを

ととのえる

美しさは姿勢から

人に親切に

悪意を受け流す

苦しみは自分の糧

column 4

## ガラスの靴とディズニーマジック

シンデレラの物語で、しばしばいわれるのが、「12時で魔法が解けたのに、なぜ、ガラスの靴だけは残っていたの？」という疑問。

原作の『ペロー童話集』では、仙女が魔法で、カボチャを馬車に、ネズミを馬と御者に、トカゲを従者に、そまつな服を美しいドレスに変えますが、ガラスの靴だけは「与えました」という記述があり、現物支給しています。魔法で変えたものではないので、残ったというわけです。

では、ディズニーの場合は？

64ページ、ガラスの靴を手につぶやいた、シンデレラの言葉を思い出してください。

「ありがとう、すてきな夢だったわ。本当にありがとう」

これは、もちろん、フェアリー・ゴッドマザーへの感謝の言葉です。

つまり、ガラスの靴は、フェアリー・ゴッドマザーからのプレゼント。魔法は永遠ではないけれど、思い出の品くらいは残してあげようという計らいだったと思われます。

これぞ、ディズニーマジック。最後は、その靴が、シンデレラの存在を証明することになる——フェアリー・ゴッドマザーは、そこまで読んでいたのかもしれません。

# おわりに

シンデレラは、前向きで芯が強く、逆境のなかでも自分を見失わない、すてきな女性です。

意志を強くもち、シンデレラの法則を実践すれば、いつの時代でも、幸せにすごせるでしょう。


もし、彼女が現代に生まれたら、どんな暮らしをしていると思いますか？

ひょっとすると、トレメイン夫人のような嫉妬深く、意地悪な先輩や上司に、邪魔をされたり、妨害を受けたりしているかもしれません。

あるいは、お姉さんたちのような出来の悪い同僚に、悩まされているかも。

シンデレラは、そんな人たちに対しても、落ち着いて、礼儀正しく接します。

そして、お城の舞踏会の招待状が届いたときのように、チャンスが訪れたら、堂々と自分の考えや意志を主張して、行動に移すにちがいありません。


恋に関しても同じです。

たとえ今はシングルでも、本人が恋したいと願うなら、「ああ、この人なら、あなたにぴったりね」と周囲にいわせるような〝王子様〟と結ばれます。

見た目の冷静さの裏に、情熱と母性を備えているシンデレラなら、恋愛や結婚生活も楽しいはず。


さあ、シンデレラの法則を実践して、〝舞踏会〟に出かけましょう。

幸せになるために。

Disney シンデレラの法則《ほうそく》
Rule《ルール》 of《オブ》 Cinderella《シンデレラ》
憧《あこが》れのプリンセスになれる秘訣《ひけつ》32

2016年 6 月23日　第 1 刷発行
2025年 6 月10日　第 7 刷発行

編……………………講談社
著……………………ウィザード・ノリリー　Wizard Norilee
装丁…………………吉田優子（Well Planning）
発行者………………安永尚人
発行所………………株式会社講談社
〒112-8001　東京都文京区音羽2-12-21
電話…………………編集　03-5395-3142
販売　03-5395-3625
業務　03-5395-3615
印刷所………………共同印刷株式会社
製本所………………株式会社国宝社



※定価はカバーに表示してあります。


N.D.C.726 143p 15cm　ISBN978-4-06-220091-2　Printed in Japan

KODANSHA